PÉTITION

Adressée à la Chambre des Députés par AÏSSA BEN MOHAMED BEN AOMAR, *négociant, demeurant à Blidah (Algérie), tant en son nom personnel, en sa qualité de M'Zabite, qu'au nom des 13 membres de la Djemaá (assemblée municipale) de la ville de Beni-Isghen (M'Zab), dont il est le mandataire régulier en vertu de procurations.*

Elle a pour objet d'obtenir du Gouvernement le rétablissement dans cette ville, des _Kanouns_, lois, usages et coutumes du rite musulman Hadite, qui régit, depuis neuf siècles, les villes confédérées du M'Zab, QUE LA FRANCE S'EST ENGAGÉE A RESPECTER en s'annexant cette région, et qui sont journellement violés, depuis plus d'un an, par les agents que l'autorité militaire a placés à la tête de l'Administration.

Messieurs les Députés,

Un journal algérien, l'*Akhbar*, a publié, sur l'affaire qui fait l'objet de la présente pétition, une série d'articles qui en mettent en lumière les points principaux et qui contiennent, au point de vue des faits, l'exposé aussi lucide que complet de cet objet.

On ne saurait donc mieux faire que de placer sous les yeux de la Chambre cette relation succinte, écrite au jour le jour, et au fur et à mesure des évènements.

Article de « l'Akbar » du 15 août 1890 signalant la révocation du Caïd Hadj-Youssef.

« On nous communique une série de protestations contre la situation créée dans une région du M'Zab, chez les Beni-Isghen, par une grave dérogation de l'Administration aux traités d'annexion de cette contrée.

« On sait ce que sont ces populations qu'un savant illustre a appelées les puritains de l'Islam et comparées aux presbytériens d'Ecosse.

« Il y a là des coutumes patriarcales qui ont conservé intacte la pureté des mœurs de la nation. Les M'Zabites sont restés astreints aux sévères doctrines de l'Islam ; chez eux le célibat est proscrit comme favorisant la débauche ; le chant, la musique, la danse, le luxe des vêtements, la fréquentation des cafés sont choses rigoureusement interdites.

« Le gouvernement français, dans le traité d'annexion, s'est engagé à respecter les us et coutumes de cette immense région, acquise à notre territoire sans un coup de fusil. Il s'est borné à imposer la justice criminelle, — ce qui est un droit régalien dont il ne pouvait faire abandon, — et à affranchir les Djemaas laïques du contrôle et de la tutelle de l'élément religieux.

« Conformément à ces usages, chaque ville du M' Zab nomme son conseil municipal, lequel dirige son président, et tous s'occupent de la perception des impôts, de leur répartition, de la police locale, de l'application des règlements des Kanouns. Ces mœurs, toutes républicaines, sont religieusement observées depuis neuf cents ans.

« Or, le Gouvernement général a nommé lui-même le président de la Djemmaâ chez les Beni-Isghen, révoquant l'ancien président, El Hadj Youssef, qui occupait son emploi depuis l'occupation française. »

C'est ici le lieu d'expliquer la véritable cause de cette révocation. Hadj Youssef, président élu de la Djemaâ des Beni-Isghen, remplissait ses fonctions à la satisfaction de tous depuis l'occupation française, lorsque M. le commandant supérieur de Ghardaïa prit la résolution d'établir, aux portes de cette ville, un grand marché dont les droits devaient être perçus au profit de toutes les villes de la confédération M' Zabite.

Or, les **Kanouns Hadites** défendent formellement la perception d'aucuns droits, contributions ou taxes sur les objets et marchandises mis en vente dans les marchés.

Cette prohibition a été, du reste, formellement reconnue et respectée de tout temps par l'autorité française.

Le général Randon, lors de la première capitulation du M' Zab, écrivait le 29 avril 1853, en effet aux Djmaas réunies de la confédération.

« Votre commerce ne sera grevé d'aucun droit (Goumrez) dont nous « ne voulons pas entre vous et nous ».

Les Caïds du M' Zab, consultés par le commandant supérieur de Ghardaïa, n'hésitèrent donc pas à lui répondre que son projet était irréalisable et contraire aux prescriptions de la religion Hadite.

C'est Hadj Youssef, président élu de la Djemaâ des Beni Isghen, qui fut plus spécialement chargé d'expliquer et de développer le Hanoun qui contient cette prohibition. **Hadj-Youssef fut dès lors considéré**

comme l'ennemi de l'autorité française et sa révocation fut réso-
lue. Et c'est alors qu'Aïssa ben Sliman, son rival, qui avait pris l'engagement de faire réussir le marché projeté et d'assurer la perception des
droits qu'on voulait imposer, fut placé, **sans élection** et d'office à la tête
de la Djemaâ.

L'*Akhbar* poursuit en ces termes :

« Le nouveau président, fort de son investiture prit, paraît-il, à cœur
d'administrer à l'envers de toutes les règles respectées jusqu'à ce jour.

« Le Conseil municipal des Beni-Isghen comprend quinze membres ;
treize d'entre eux adressèrent une plainte au commandant supérieur ;
elle n'eut d'autre résultat que la condamnation de dix des signataires à
des peines variant de 2 mois de prison et 200 francs d'amende à
50 francs (1).

« Les plaignants signalaient pourtant des faits en dérogation absolue
avec les lois du M' Zab. Le nouveau président avait violé tous les Kanouns concernant l'ouverture des cafés, l'usage de la musique, enfin, chose
très grave, il s'était approprié une place appartenant à la ville et y avait
fait construire une maison. Il ne rendait compte d'aucune sortie d'argent
ni d'aucune rentrée à son Conseil municipal, prenait des arrêtés vexatoires, prononçait des amendes à tort et à travers, etc., etc.

« Le 12 octobre 1889, une plainte adressée au Gouverneur général
resta sans effet.

« Le 15 février 1890, fatiguée des vexations et des persécutions du
président Aïssa ben Sliman, la djemaâ des Beni Isghen, qui ne pouvait
plus avoir aucun rapport avec son président, confia ses intérêts à un des
siens, négociant à Blidah ; un faisceau de faits fut réuni avec preuves
écrites et preuves testimoniales à l'appui et des mémoires furent adressés
à M. le Gouverneur général, à M. le Général commandant la division et à
M. Mauguin, sénateur. L'affaire fut attentivement examinée à Alger par
M. le commandant Pont, chef de la section des affaires indigènes de la
Division d'Alger, qui annonça le départ du général et le sien pour le
M' Zab.

« Effectivement, le 6 avril 1890, l'autorité militaire supérieure arrivait
au M' Zab ; le 8 avril, le général Poizat, le commandant Pont, procédaient
à une enquête à Beni Isghen même, et constataient la présence du café
maure, la construction du caïd sur la place publique accaparée par lui,
et le général faisait taire lui-même la musique puisqu'elle était contraire

---

(1) L'on sait que le « Code de l'indigénat » punit de prison toute réclamation « jugée »
sans fondement.

aux règlements de la ville et aux mœurs des habitants et que le caïd, dans son inconvenance, s'obstinait à faire jouer.

« Au lieu d'une solution radicale et pour des raisons que nous n'avons pas à apprécier, sans doute très louables, l'autorité supérieure désira voir l'entente se rétablir entre les partis. Ses vœux furent immédiatement exaucés, on s'embrassa, on se pardonna les torts réciproques et après le départ du Général, le 12 avril, la Djemaâ avec ses 15 membres, le Caïd Aïssa ben Sliman, se transportent chez M. le cadi de Beni Isghen pour consentir un arrangement amiable et rétablir le calme.

Cette enquête a-
utit à une conci-
tion. Acte en est
essé.

« Le Commandant supérieur lui-même, assista à cette cérémonie, ainsi que le mandataire des Beni-Isghen. Après de longues discussions sur chacun des faits reprochés au Président (le Caïd Aïssa ben Sliman), celui-ci fut convaincu d'avoir manqué à tous ses devoirs et faisait amende honorable. Il s'engageait à détruire ses constructions, ce qu'il fit le 26 avril 1890, il les enleva de la place indûment occupée. Il s'engageait aussi à ne punir qu'après l'enquête et avec l'assentiment des trois membres de la Djemâa, enfin à respecter la loi abadite et ne commander qu'avec les Kanouns formels de Beni-Isghen. Un acte fut dressé ; nous en avons copie.

« Le Commandant supérieur félicita le Caïd et la Djemaâ de leur honorable détermination et tout rentra dans le calme.

Un mois après,
olation de l'acte.

« Un mois après cette solution, aussi honorable que pacifique, le président Aïssa ben Sliman reprenait ses anciens procédés. Il faisait rouvrir les cafés, autorisait les chants et la musique sur les places publiques et refusait obstinément de réunir le conseil municipal pour les questions intéressant la ville.

« Le conseil dressa une nouvelle protestation et les chefs d'accusation nouveaux relatés dans un mémoire du 25 juin dernier, furent adressés au Général de division, au Gouverneur général et à M. Mauguin, sénateur.

« Le dossier en question est fourni de preuves et de témoignages, nous en avons eu le double sous les yeux.

« L'affaire en est là ; de très honorables personnes, représentant les intérêts des Beni Isghen, sont venues nous entretenir de ces griefs, nous les avons trouvés de nature à recevoir satisfaction, il ne nous a pas paru que, sous prétexte que des faits répréhensibles se passaient à quelques centaines de kilomètres, et que les victimes n'avaient pas notre degré de civilisation — ce qui ne constitue peut-être pas l'infériorité qu'on pense — notre sollicitude n'avait aucune raison de s'éveiller.

« Il nous a paru, sauf preuve contraire, que ces gens avaient raison

____

(1) C'est toujours le journal l'*Akbar* qui parle.

de protester; cela a paru tel à l'honorable sénateur de notre département qui s'est occupé avant nous de cette affaire et qui a dû intervenir plusieurs fois auprès du Gouvernement général; nous croyons en outre que l'enquête faite sur les lieux par le général commandant la division n'a rien relevé qui pût démontrer l'illégimité des réclamations présentées; il nous semble donc qu'il serait grand temps de réfléchir qu'on a affaire à des populations très jalouses de leurs droits, très irritables quand on ne les respecte pas, et qu'il serait criminel de pousser à bout. »

Nouvel article de l'*Akbar*, en date du 25 septembre 1890 :

« Il nous faut encore revenir sur les dissensions intestines du M'Zab.

« Le 15 août dernier nous avons exposé les causes qui ont jeté le trouble dans cette population ordinairement si calme des Beni Isghen.

« La campagne que nous avions menée avait été pleinement justifiée par l'enquête faite sur place par MM. le Général Poizat et le commandant Pont. L'autorité militaire avait trouvé au M'Zab, non point une situation politique excellente, mais un mécontentement général, exaspéré par les illégalités et les abus commis par le caïd Aïssa ben Sliman.

« Une entente avait été conclue le 12 avril entre ce fonctionnaire et la Djemaâ des Beni Isghen; devant le cadi, le coupable avouait ses torts et faisait amende honorable.

« Le commandant supérieur de Gardhaïa avait assisté à la transaction et son intervention n'avait pas été pour peu dans l'accord intervenu.

« Mais un nouveau commandant supérieur a été nommé et celui-ci a trouvé l'acte du 12 illégal et mauvais, l'a annulé et, finalement, a menacé le kadi qui l'avait reçu de deux années d'emprisonnement.

« Il ne s'en tint pas là : les membres de la Djemaâ des Beni Isghen, que le caïd Ben Sliman avait fait condamner injustement à diverses peines, avaient délégué leurs pouvoirs à un honorable négociant m'zabite de Blidah, Aïssa ben Mahomed ben Omar, pour qu'il transmît leurs doléances et leurs griefs à l'autorité supérieure; ce mandataire avait redoublé de démarches pour éclairer l'administration et leur faire obtenir justice.

« Le lieutenant colonel qui prenait le commandement du cercle de Ghardaïa fit signifier officiellement à Aïssa ben Mohamed ben Omar « *d'avoir à cesser ses agissements qui entretenaient le trouble et l'agitation* « *parmi les populations paisibles du M'Zab.* » Il était accusé en outre de vouloir créer des embarras et des difficultés au caïd Aïssa ben Sliman.

« Dès lors tous les membres de la Djemaâ qui avaient recouru à leur compatriote blidéen étaient l'objet d'une surveillance odieusement inquisitoriale. On les persécutait de toutes manières ; les affaires du négociant blidéen étaient épluchées scandaleusement, les livres de son ancien associé, mort aujourd'hui, étaient saisis par l'autorité militaire et lui-même se voyait menacé de la déportation en Corse.

« Nous demandons si l'autorité supérieure a connaissance de ces faits et si c'est par de procédés semblables qu'elle prétend nous concilier l'amitié des populations indigènes ?

« Voici quelques faits qui nous sont parvenus et qui semblent montrer l'intention des autorités du M'Zab d'eriger les vexations et les abus de pouvoir en procédés administratifs.

<table><tr><td>Arrestations arbitraires.</td><td>« Le 27 août dernier, les nommés Aïssa ben Brahim El-Adjal, Barrouh ben Eyoub et Mohammed ben Abdallah, tous gens de la plus parfaite honorabilité et jouissant au M'Zab de la considération universelle, alors qu'ils se trouvaient pour affaires personnelles près des bureaux des messageries, se virent tout-à-coup cernés par le lieutenant, l'interprète et les cavaliers du bureau arabe. On les arrêta comme de vulgaires malfaiteurs ; on les conduisit en prison où ils demeurèrent toute la journée et où on se contenta de leur poser la question : « Que faisiez-vous devant les messageries ? » à laquelle ils répondirent : « Nous faisions nos affaires. »</td></tr></table>

« Il furent alors relaxés.

« Le 4 septembre on arrêta deux anciens membres de la Djemaâ, Yahya ben el Hadj Naceur et Mohammed ben Daoud ben Kassem, sous le prétexte qu'ils avaient tenu des propos injurieux sur le gouvernement de la République et sur le commandant supérieur de Gardhaïa.

« Ces honorable M'Zabites ne furent mis en liberté que le 16 septembre quand on eut établi péremptoirement qu'ils étaient victimes d'une accusation de leur ennemi, le caïd ben Sliman. Ils n'en avaient pas moins fait injustement 12 jours de prison au secret.

« Ces agissements sont indignes de la France : ils ne peuvent qu'exaspérer les populations honnêtes et paisibles, heureuses de s'abriter sous notre drapeau et de vaquer à leur commerce sous notre tutelle.

« Chaque fois que le gouvernement général a été saisi de ces faits déplorables par les intéressés, par M. Mauguin, sénateur, il s'est obstiné à y voir l'effet de la déception éprouvée par les tolbas, le clergé M'Zabite, tout puissant aux Beni Isghen du temps de l'ancien caïd, et à la nomination d'un nouveau caïd échappant à leur influence.

« Nous avons déjà montré, et les enquêtes l'ont confirmé, que les tolbas n'ont rien à voir à cette affaire, que tous les faits dont on s'est plaint sont étrangers à la religion et que pas un des auteurs des plaintes n'appartient à l'élément religieux.

« Le gouvernement général a essayé là une diversion inacceptable qui ne le dégage en rien de la grave responsabilité des scandales du M' Zab et qui ne peut pas expliquer sa bizarre attitude en présence des abus signalés.

« Nous lui apportons aujourd'hui des faits nouveaux aussi odieux que ceux précédemment publiés.

« Seront-ils démentis ? Nous soutiendra-t-on que le Cadi n'a pas été menacé d'emprisonnement pour avoir rédigé une transaction sur l'ordre de ses chefs, que les livres de commerce d'un négociant M'Zabite, associé d'Aïssa ben Omar n'ont pas été saisis, qu'Aïssa ben Omar lui-même n'a pas été menacé de déportation et que les arrestations du 27 août et du 4 septembre n'ont pas eu lieu ?

« Continuera-t-on à nier des abus de pouvoir qui se commettent sous le couvert et sous la complicité de l'autorité française.

« Ce n'est pas seulement les lois du M' Zab, les Kanouns locaux qui sont violés malgré les promesses de notre traité d'annexion ; c'est même le droit commun le plus élémentaire qui est méconnu et remplacé par l'arbitraire et les exactions.

« Nous demandons une fois de plus que l'autorité supérieure veuille bien à la fin s'inquiéter sérieusement des affaires des Beni-Isghen.

« Avant nous, M. Mauguin s'en est préoccupé à plusieurs reprises et il est convaincu de la légitimité des protestations dont nous nous faisons l'écho. Les griefs sont précis ; les preuves ne manquent pas.

« La situation ne peut donc pas se prolonger ; elle a assez longtemps froissé et indisposé contre nous d'excellentes populations, soumises et dignes de toute notre sollicitude.

« Avant que le Parlement en soit saisi, elle peut prendre fin par le seul bon vouloir de l'Administration supérieure qui doit avoir souci de ne pas irriter davantage les M' Zabites et de ne pas perpétuer des abus indignes du prestige du nom français dans le Sud. »

. . . .

Troisième article de l'*Akbar* du 12 octobre 1890 :

« Sommes-nous en Algérie ou au Tonkin ?

« Sommes-nous dans la période de conquête ou de colonisation ?

« Administre-t-on pour le compte de la France ou bien du Sultan des Turcs ?

« Le doute est permis en présence de ce qui vient de nous être signalé.

« Nos lecteurs se souviennent des divers articles que nous avions consacrés à certains abus commis dans la région du M' Zab.

« Dans l'une des tribus du M' Zab, notamment, il s'agissait de véritables excès commis par le Caïd des Beni-Isghen, indûment promu à cette dignité par voie de nomination directe, et non par voie d'élection, malgré les conventions formelles du traité d'annexion du M' Zab, il s'agissait d'atteintes portées aux us et coutumes de ces peuplades aux mœurs si droites et si simples, qui puisent leurs excellentes qualités dans l'inébranlable attachement à leurs traditions.

« Nous avions pu nous convaincre combien étaient légitimes les protestations de ces pauvres gens, ne demandant que ce qu'ils avaient le droit d'exiger et frappés de punitions abusives pour avoir réclamé justice.

« L'autorité émue avait fait une première enquête ; elle avait reconnu sans doute la légitimité des protestations dont nous nous étions fait l'écho puisque le Caïd incriminé avait été amené à revenir sur certains de ses actes qui avaient excité ces protestations.

« Il y avait eu comme une sorte de trêve réclamée par l'autorité supérieure et bénignement acceptée par les protestataires. Le Caïd devait faire taire ses rancunes, et renoncer à ce qui pouvait blesser les traditions de ses administrés, les plaignants renonçaient à leurs griefs passés en échange des promesses qui leur étaient faites pour l'avenir.

« La trêve a peu duré, elle a été rompue par le Caïd, qui, aussitôt après la clôture de l'enquête, lorsque les enquêteurs ont eu le dos tourné, a repris ses procédés vexatoires.

« De nouvelles plaintes nous sont donc parvenues ; nous les avons renvoyées à nouveau à qui de droit, réclamant justice.

« Eh bien, la justice de l'autorité française s'est, paraît-il, exercée à la mode turque. Voici ce qu'on a voulu imposer à la signature des notables des Oulad-Moussa et des Oulad-Idder ; c'est extrait d'un document écrit par M. l'interprète militaire Sedkaouï, portant le cachet du bureau de Ghardaïa, revêtu de la signature du commandant du cercle de Ghardaïa.

(Il s'agit d'une plainte de ces notables au sujet de certain vols qui n'auraient pas été punis.)

Nous citons textuellement :

« Dans un but absolument bon, nous exigeons des notables des
« Ouled-Moussa et des Ouled-Idder (Beni-Isghen), qu'ils nous écrivent et
« qu'ils signent ce qui suit :

<table>
<tr><td style="width:22%; vertical-align:top">

Le commandant du cercle de Ghardaïa met en demeure les Beni-Isghen de rétracter leurs plaintes, de désavouer et de révoquer leur mandataire.

</td><td style="vertical-align:top">

« 1º Que lorsqu'ils ont écrit au sieur Aïssa ben Mohammed ben Omar « au sujet des quatre vols, ils n'ont point dit que le caïd Aïssa ben « Sliman de Beni Isghen, refusait de faire punir les voleurs ;

« 2º Qu'ils n'ont point autorisé Aïssa ben Mohammed ben Omar à « publier l'article de l'Akhbar du 15 août dernier ;

« 3º Qu'ils retirent la procuration qu'ils ont donnée à Aïssa ben « Omar en leurs noms et celui de leurs partis ;

« 4º Que ce retrait de la procuration aura lieu par la même voie que « celle par laquelle elle lui a été donnée ;

« 5º *Qu'ils déclarent formellement que l'acte d'arrangement amiable du* « *12 avril 1890, qui a été passé devant le Cadi de Beni Isghen, est contraire* « *à la loi, qu'il est nul et non avenu ;*

« 6º Que leurs déclarations que dessus soient faites devant le Cadi de « de Beni-Isghen et contresignées par les notables des Ouled Moussa et « des Ouled Idder ;

« 7º Que chacune des questions ci-dessus soit faite sur copie séparée « et à nous adressée, signée des notables.

« Nous attendons, ajoute le document dont nous donnons ci-dessus « l'extrait, votre réponse dans quarante-huit heures.

Signé : DIDIER,

LE LIEUTENANT-COLONEL COMMANDANT LE CERCLE DE GHARDAIA.

</td></tr>
</table>

« L'autorité, en présence des plaintes de la légitimité desquelles on ne pouvait douter, s'était donc bornée à mettre les plaignants en demeure, Dieu sait avec quels sous-entendus de menaces ! — de désavouer celui qui avait parlé en leur nom, de lui retirer désormais leur confiance, de nier les méfaits contre lesquels ils avaient demandé justice, enfin de déclarer eux-mêmes non valable un document régulier établissant leurs droits et leur faisant justice !

« C'est ce qui ressort du document que l'autorité française a fait signifier à des indigènes du M'Zab !

« Nous avons besoin de déclarer, devant l'invraisemblance de cette révélation, que nous ne parlons que documents en mains.

« Maintenant, voici la réponse immédiate qu'ont faite les notables des Oulad Moussa et des Oulad Idder, à cette mise en demeure :

18 septembre 1890.

<table>
<tr><td style="width:22%; vertical-align:top">

Réponse des Beni Isghen au commandant français.

</td><td style="vertical-align:top">

« Réponse des Oulad Moussa et des Oulad Idder au lieutenant colonel « commandant le cercle de Ghardaïa.

« Louanges à Dieu.

</td></tr>
</table>

(Après les compliments d'usage).

« La Djemâa des Oulad Moussa et des Oulad Idder soussignée, vous
« informe qu'elle a reçu votre écrit ; les membres l'ont lu tous et compris
« dans ses détails.

« Ils ont le regret de vous dire qu'ils ne peuvent condescendre à votre
« ordre. Si vous voulez les contraindre par la force à faire ce que vous
« leur demandez, ils vous répondent qu'ils n'ont aucune force et aucune
« puissance à opposer au Gouvernement.

« Que le salut soit sur vous ».

Suivent les signatures.

« Voilà donc les pièces du procès : Nos lecteurs jugeront ainsi si nous
avions raison de nous poser toutes les questions qui servent de début au
présent article.

« Maintenant, nous allons voir la suite. »

Ici se terminent les articles de *l'Akbar*.

Ils signalent, nous l'avons vu :

1° **Que le Caïd Hadj Youssef a été révoqué et remplacé par
Aïssa ben Sliman ;**

2° **Qu'Aïssa ben Sliman n'a été nommé que pour assurer
contre ceux-là même qu'il représente *sans mandat* régulier
la violation des Kanouns, que le Gouvernement français s'est engagé à respecter ;**

3° **Qu'Aïssa ben Sliman, après avoir pris l'engagement de
respecter les Kanouns et ce — il faut le reconnaître — grâce à l'intervention du général Poizat, *les a de nouveau violés ;***

4° **Que ceux des Beni-Isghen qui ont protesté ont été moles-
tés ;**

5° **Que les Beni-Isghen ont été sommés par le commandant du
cercle de Ghardaïa de rétracter leurs plaintes ;**

6° **Que les protestataires les ont maintenues, respectueuse-
ment exposées, et qu'ils ont répondu, non moins respectueuse-
ment, confiants dans la générosité du gouvernement français et
dans son observance des engagements pris.**

Nous allons voir maintenant :

7° **Que le Commandant a bouleversé arbitrairement la propor-
tion des représentants des Beni-Isghen de façon à enlever aux pro-**

testataires toute autorité à leurs légitimes doléances par la création d'une majorité de complaisance ;

8° Qu'il a révoqué cinq membres du Conseil et leur a infligé à chacun 200 francs d'amende ;

9° Que cinq autres personnes ont été emprisonnées et bannies ; leurs frères n'ont plus eu de leurs nouvelles.

La réponse du Commandant.- Bouleversement dans la représentation des Beni-Isghen. L'autorité militaire n'avait pu voir sans une violente irritation les victimes de son agent Aïssa ben Sliman faire appel à l'opinion publique par la voie des journaux et surtout recourir à l'intervention d'un haut personnage politique de la hiérarchie civile, dont les démarches auprès du Gouverneur général avaient déjà obtenu plein succès, lors des premiers dissentiments qui furent réglés par le pacte du 12 avril 1890. L'on savait que M. le sénateur Mauguin poursuivait avec ténacité son œuvre de justice, qu'il était sur le point d'obtenir un deuxième succès et que le chef de l'Administration algérienne, M. Tirman lui-même, avait résolu d'entreprendre le voyage du M' Zab, assisté de M. Bourlier, député du département, pour se livrer à une enquête sur place et en dehors de toute influence.

Il fallait à tout prix empêcher ce voyage et réduire les Beni-Isghen au silence en frappant un grand coup. On y réussit.

On apprit tout à coup que le voyage du Gouverneur au M' Zab était indéfiniment ajourné et voici les nouvelles que le soussigné recevait à Blida, au commencement de décembre 1890, de ses malheureux compatriotes de Beni Izghen.

Ghardaïa, décembre 1890.

« Le Commandant supérieur de Ghardaïa vient de bouleverser complètement les lois et usages qui régissaient les Beni-Isghen (M' Zab).

« Ainsi, il y a quelques jours, il vient d'apporter un grave changement dans le Kanoun qui déterminait le mode du vote des Beni-Isghen ; voici ce dont il s'agit : Auparavant, le vote dans les Beni-Isghen, s'effectuait ainsi : les Oulad-Idder élisaient cinq membres, les Oulad-Moussa, cinq membres et les Oulad-Anane cinq membres, ce qui fait en tout, quinze membres. Dans les affaires importantes ces quinze membres étaient consultés et émettaient leurs vœux.

« Dans les affaires de minime importance, les trois fractions précitées, envoyaient chacune un membre, ce qui fait en tout trois membres (*suit une longue explication du nouveau mode de votation inauguré par l'autorité militaire et que voici succinctement exposé : les Ouled-Anane éliront dix membres, soit au total 20 membres. Il suffit du déplacement d'une voix parmi les élus des Oulad Idder et des Ouled Moussa pour leur enlever toute autorité.*

« Cette combinaison est imaginée par le commandant supérieur de Ghardaïa, dans le but d'assurer la prépondérance dans la gestion des affaires, aux Oulad-Anane qui soutiennent leur caïd, Aïssa ben Sliman.

« M. le Commandant supérieur a abrogé complétement les Kanouns qui régissaient les Beni Isghen, Kanouns consacrés par le gouvernement français au moment de l'enquête du M'Zab. De plus, outre la dérogation apportée par M. le Commandant supérieur dans l'exécution des Kanouns et sans compter l'exil arbitraire de plusieurs personnes honorables, les révocations et autres injustices, M. le Commandant vient d'ordonner que les Oulad Moussa et les Oulad Idder seraient dorénavant responsables personnellement de l'ordre et de la sécurité des Beni Isghen; ainsi il n'aura qu'à faire provoquer un désordre quelconque dans ce pays, ce qui ne semblera pas extraordinaire de sa part, à en juger par les injustices qu'il a commises, pour déclarer que les Oulad Moussa et les Oulad Idder, sont responsables de l'ordre et alors il trouvera occasion de sévir contre eux de la manière la plus sévère et la plus injuste...

Gardaïa, décembre 1890.

Le Commandant révoque cinq membres du Conseil des Oulad et fait expulser cinq M'Zabites après 8 jours de mauvais traitements.

M. le Commandant supérieur de Gardaïa a écrit à Aïssa ben Sliman ceci : « Il faut absolument que le 25 courant, à 8 heures du matin, tu réunisses les notables ou membres du Conseil dans la maison dite « dar el Arche » chaque notable devra amener avec lui 4 personnes. » Puis M. le Commandant accompagné de l'officier et de l'interprète, entra dans la maison précitée, ou il trouva les personnes mentionnées ci dessus assemblées. Le commandant leur dit alors ceci : « Les Oulad Moussa et les Oulad Idder devront se mettre d'un côté, et les Oulad Anane de l'autre. Tout le monde obéit à cette injonction. Ensuite, il leur demanda Moussa ben Ahmed lequel répondit « présent. » Le Commandant lui dit alors : « Mets toi à l'écart de l'assemblée. » Puis, il demanda Mohamed ben Abdallah ben el hadj Eyoub; on lui répondit qu'il était absent. Il leur répondit : « Amenez-le-moi ! » Il fut amené, et alors M. le Commandant lui donna l'ordre d'avoir à se mettre du côté de Moussa ben ba Ahmed. Ensuite, il demande Aïssa ben Brahim ben Aïssa; on lui signala son absence. Il leur tint le même langage « Amenez-le moi ! » on le lui amena. Le commandant lui ordonna de se mettre avec les deux individus précités, qu'il avait isolés de l'assemblée. Puis il demanda Yahya ben el hadj Naceur et Mohamed ben Daoud ben Kassem, qui ajoutés aux individus précités, c'est-à-dire les isolés, formaient un total de 5 personnes auxquelles il intima l'ordre de se tenir en groupe à part.

C'est alors qu'il demanda les membres du Conseil : El Hadj Mohamed ben Salah, Brahim bed ba Ahmed, Mohamed ben Bafou, Sliman ben Daoud, El hadj Aïssa ben Kassem, El hadj Abdallah ben Moussa, en tout six personnes. Il leur tint ce langage, lorsqu'ils furent présents : « Vous êtes révoqués comme membres du Conseil ; vous aurez, en outre, 200 francs d'amende, que vous allez payer sans aucun délai. L'autorité ne vous incarcère pas à cause de vos cheveux blancs. » Il dit ensuite aux cinq personnes qu'il avait mises à part : « Vous serez expulsés, conformément à mon ordre. » Puis il ordonna aux spahis de les amener, en ajoutant ceci : « J'ai inscrit aussi d'autres personnes dont l'expulsion aura lieu ultérieurement. Quand à toi, Aissa ben Sliman, tu ordonneras demain qu'on apprête aux expulsés des vêtements et de la nourriture pour une période de 40 jours. » Le Caïd exécuta ses ordres ; puis il fit publier dans toute la ville que quiconque tiendrait compagnie avec son semblable serait signalé dans un rapport rédigé par lui.

Le 26 courant, le Caïd Aïssa ben Sliman a donné l'ordre aux cinq personnes à expulser d'apprêter leurs vêtements et nourriture pour leur départ ; ils obéirent à cet ordre et portèrent leurs préparatifs au bureau arabe, à 10 heures du soir. Arrivés au bureau, on les laissa là depuis 10 heures du soir jusqu'à 8 heures du matin, 27 courant, sans autre forme de procès, et sans rien leur dire.

Le Commandant vint les trouver en leur disant : « Vous pouvez vous retirer avec vos provisions, lorsque le moment de votre départ viendra, je vous en informerai par les soins du Caïd.

Depuis le 25 décembre 1890 jusqu'au 1er janvier 1891, les cinq personnes sus-indiquées, qui étaient sous le coup de l'expulsion, ont été mises au cachot comme de vulgaires criminels. Tout permis de communiquer avec eux a été rigoureusement interdit.

A l'occasion du 1er janvier, les gens des cinq gsours étaient venus présenter leurs souhaits de bonne année aux autorités de Gardaïa. A cet effet, les M'Zabites des gsours étaient accompagnés d'autres Arabes ; arrivés au bureau arabe pour présenter leurs hommages, le Commandant fit extraire les cinq personnes à expulser et les montra en spectacle à tout le monde, il dit à ces derniers, en présence de tout le public : « Vous savez que je vous expulse, j'ai différé néanmoins de 8 jours votre départ, parce que j'ai appris que vous dites que vous avez des gens qui vous protègent, je veux avoir une idée du poids moral de ces personnes ; dans tous les cas, il demeure avéré pour moi que vous n'avez pas de protecteur ; l'autorité sévit contre vous à cause de vos plaintes, et elle n'hésitera pas à prendre également des mesures de représailles contre tous ceux qui se plaindront. »

Lorsque les Beni-Isghen annoncèrent à leur mandataire de Blidah, par la correspondance qui précède, la dissolution de leur Djemaâ, la révocation de six de ses membres et l'exil de cinq autres, il était trop tard pour tenter aucune démarche. L'exécution avait été préparée dans le plus grand secret et s'était accomplie comme un coup de foudre. Les cinq victimes avaient été conduites par les spahis à Ouargla, d'où elles ont été dirigées depuis vers une destination inconnue. Et l'on dirait que la fatalité s'est jointe à la méchanceté des hommes et a prêté son concours aux ennemis des M'Zabites pour l'accomplissement de leurs desseins, car celui en qui ils avaient mis toute leur confiance et tout leur espoir, le député d'Alger, qui avait déjà obtenu une fois justice et qui était sur le point de faire triompher leur cause une seconde fois, était atteint à Paris d'une maladie grave qui le clouait dans son lit.

A l'heure qu'il est, notre ruine est consommée, et dans un pays annexé à la France, cinq hommes, appartenant à l'élite de la population d'une ville de 6.000 âmes ont pu être traînés en exil, sans instruction, sans procès, sans défense, sans jugement !

Les M'Zabites sont gens paisibles, laborieux, vivant modestement, très attachés à leur antique religion qu'ils observent rigoureusement — surtout à Beni Isghen où le rite Abadite a conservé toute son austérité — ils savent se soumettre avec résignation aux décrets de la Providence. Jamais ils n'ont élevé aucun murmure contre les maîtres que Dieu leur a donnés pour les gouverner, heureux de conserver, sous toutes les dominations, le culte de leurs ancêtres et les libertés municipales consacrées par une longue suite de siècles et respectées par tous les conquérants.

Ce sont ces libertés reconnues et réservées dans le pacte d'annexion que les M'Zabites de Beni Izghen viennent revendiquer aujourd'hui.

Ils n'ont d'autre force, à l'appui de leurs droits, que leur faiblesse et la loyauté de la France qui ne peut reprendre la parole donnée en son nom par le maréchal Randon en 1853, et par le général de la Tour d'Auvergne en 1882.

En attendant justice, le soussigné vous prie, Messieurs, de vouloir bien agréer l'hommage de son profond respect.

AÏSSA BEN MOHAMED BEN AOMAR.

NÉGOCIANT

Rue Bab-el-Rabah, à Blidah (Algérie).

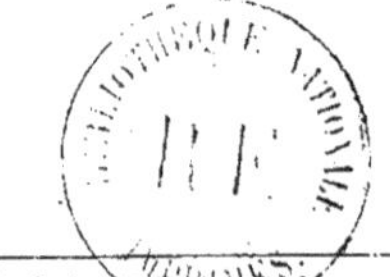

Grande Imprimerie, 19, r. du Croissant, Paris — Capéenne.